Zeilen in de nacht

Anke Kranendonk

Zeilen in de nacht

Tekeningen van Saskia Halfmouw

Zwijsen

Vormgeving: Rob Galema
Logo Vakantie: Harmen van Straaten

STICHTING NEDERLANDSE
KINDERJURY
2003

Boeken met dit vignet zijn op
niveaubepaling geregistreerd en gecontroleerd
door KPC Groep te 's-Hertogenbosch.

0 1 2 3 4 5 / 06 05 04 03 02

ISBN 90.276.4557.4
NUGI **261**/221

© 2002 Tekst: Anke Kranendonk
Illustraties: Saskia Halfmouw
Uitgeverij Zwijsen Algemeen B.V. Tilburg

Voor België:
Zwijsen-Infoboek, Meerhout
D/2002/1919/136

Inhoud

1. Vragen, vragen, vragen

'Mam? Mag ik mee?'
'Nee Joy. Dat weet je.'
'Ah mam, alsjeblieft.'
'Nee, Joy. Nee, nee en nog eens nee.'
Mama staat voor het huis en trekt haar zeilpak uit.
'Waarom niet?' vraagt Joy, die pal voor mama's
neus staat.
'Ik wil het gewoon niet hebben,' zegt mama.
Ze hangt het natte pak aan de waslijn.
Als ze naar binnen wil lopen, houdt Joy haar
tegen.
'Kelly gaat ook,' zegt Joy.
'En Romano en Sal.'
'En jij niet.'
Mama stapt het huisje in en Joy loopt haar
achterna.
'Waarom mag ik niet?' vraagt Joy.
'Jij bent nog te jong.'
'Pfffff.' Joy laat zich op het bed vallen.
Het bed staat in de kamer van het kleine
vakantiehuis.
Joy denkt even na, en gaat dan weer staan.
'Romano kan heel goed zeilen,' zegt Joy.
'En hij is ook heel leu....'
Snel slikt ze het laatste woord weg.
Dat mag mama niet horen, anders mag ze nooit
mee.
'En Sal en Kelly ook.'

'Lieve kind,' zegt mama.

Ze kijkt Joy met strenge ogen aan.

'Jij bent te klein om in de nacht te zeilen.

Punt uit.'

Mama loopt naar het piepkleine keukentje.

Alles in dit vakantiehuis is piepklein.

Daarom is het zo leuk.

Maar nu niet meer.

'Ik ben misschien klein, maar wel dapper.

Dat zegt de meester altijd.'

'Jawel,' zegt mama.

Joy hoort dat haar stem een klein beetje wankelt.

Nu moet ik doorgaan, denkt ze.

'Jij hebt me zelf zeilen geleerd,' zegt Joy.

'En je bent zo trots op mij.

Omdat ik het al goed kan.

Jij zegt altijd dat ik gevoel voor de wind heb.'

'Ja, ja,' zegt mama.

'We gaan maar een uurtje, mama.

Dat beloof ik je.

We vertrekken om elf uur en zijn om twaalf uur terug.

Precies, klokslag, stipt op tijd.'

Terwijl Joy praat, blijft ze naar mama kijken.

Ze ziet dat mama al een beetje 'ja' gaat denken.

Daarom praat ze heel snel door.

'En Romano is de kapitein, mama.

We luisteren goed naar hem.

En Kelly heeft de route al uit haar hoofd geleerd.'

'Als jullie maar niet het Sneekermeer op gaan,' zegt mama.

'Natuurlijk niet.'

'En niet stoer gaan doen met z'n allen.'

'Natuurlijk niet.'

Mama kijkt Joy aan.

Joy ziet dat ze een beetje bang is.

Ze pakt haar moeders hand vast.

'Mam,' zegt ze met een aardige stem.

'Ik kan het.'

'Ja,' zucht mama.

'Ik zal het er met je vader over hebben.'

2. Goede raad

'Geef maar hier, de chips!' roept Romano.
Hij staat met zijn benen wijd in de boot.
Sal gooit vanaf de steiger de zak chips naar
Romano toe.
'De cola!' roept hij. 'Vang!'
'Niet gooien!' roept Romano.
'Doen jullie niet te stoer?' vraagt de moeder van
Sal.
'Nee ma,' antwoordt hij.
'Ik doe nooit stoer.'
'Geen rare fratsen,' zegt de vader van Sal.
'Nee pa, ik maak nooit rare fratsen,' antwoordt
Sal.
Joy kijkt voor zich uit.
In de donkere lucht schijnt een streepje maan.
'Passen jullie goed op, Joy?' hoort Joy haar vader
zeggen.
'Ja, dat doen we wel,' antwoordt Romano.
Het is maar goed dat het donker is, denkt Joy.
Anders zien ze dat ik nu rood word.
'Komen jullie alle vier even hier?' vraagt Joy's
moeder.
Daar gaan we weer, denkt Joy.
Mijn moeder de zeiljuf gaat nu zeggen hoe het
moet.
Romano stapt uit de boot.
Braaf loopt hij naar Joy's moeder, die in het gras
staat.

Kelly en Sal gaan er ook bij staan.
'Denk eraan,' zegt Joy's moeder.
'Blijf goed aan de wind zeilen.
Laat je niet in een hoekje blazen.
Dan kom je er niet meer uit.
Keer op tijd weer om.
Liever te vroeg thuis dan te laat.'
'Weet je wat,' zegt de vader van Kelly.
'Neem mijn telefoon mee.
Dan kan er niets gebeuren.'
'Hè nee,' zegt Kelly.
'Dat is saai.
Het is juist spannend zonder mobiel.
Dan weten jullie lekker niet waar wij zijn.'
'Nee,' zegt de vader van Kelly.
'Je neemt hem mee.'
Kelly kan niets meer terugzeggen.
De telefoon zit al in haar broekzak.
'Elf uur!' roept Romano.
'Vertrekken!'
'We gaan!' roept Kelly.
Sal pakt haar hand en Kelly stapt in de boot.
Met een kleine sprong is ook Joy in de boot.
'Passen jullie goed op?' roept Kelly's vader.
'Geen fratsen!' zegt Sals vader.
'Hou jij je een beetje gedeisd!' roept Romano's
moeder.
'Ja, ja, ja, ja.'
Niemand hoort iets.
De zeilen maken te veel lawaai in de wind.
'Trossen los!'

Romano's vader maakt de boot los en geeft hem
een zet.
Daar gaan ze, het donker in.
'De lamp!'
Joy's moeder zwaait met haar armen.
'We zijn de lamp vergeten!'

3. De nacht in

'Nee hè,' zegt Romano.
Hij duwt tegen het roer en keert om.
'Spring jij op de kant?' vraagt hij aan Joy.
Ze staat al klaar op de punt van de boot.
Ze heeft de landvast in haar hand.
Met een touw springt ze op de steiger.
Snel draait ze zich om en houdt de boot tegen.
Bijna was hij op de kant gebotst.
'Laat het grootzeil maar zakken,' zegt Joy's
moeder.
'Waarom?' vraagt Joy.
'We moeten het zeil opnieuw hijsen,
Maar dan samen met de lamp.
Je hoort 's nacht met een lamp te varen.
Als hij in de punt hangt, zien anderen je goed.'
Het grote zeil ligt in de boot.
Joy's moeder knoopt de lamp aan een touwtje.
En hijst het zeil met de lamp omhoog.
'Romantisch,' zucht Sal, die naar het lampje kijkt.
'Sal, neem jij de fok? We gaan,' zegt Romano.
Joy ziet dat Sal de schoot van het kleine zeil pakt.
Hij trekt er hard aan, zonder na te denken.
'Nu gaan we echt!' roept Romano.
'En we komen nooit meer terug!' roept Joy.
'Geintje.'
Romano zeilt de boot het slootje uit.
'Waar zijn we?' lacht hij.
'Hier,' giechelt Kelly.

'Ik lust wel chips,' zegt Sal.

'Waar ligt de zak?'

'Voor in de boot, dan wordt de zak niet nat,' antwoordt Romano.

'Neem jij de fok?' vraagt Sal aan Joy.

Joy pakt het touw van hem aan.

En Sal duikt met zijn kop voor in de boot.

'Waar ligt die chips?' vraagt hij.

Sal is nu in het voorste puntje van de boot gekropen.

Hij zit diep in de boot verstopt.

'Het is hier donker!' roept hij.

'Ja,' giechelt Kelly. 'Het is nacht.'

Sal ligt plat op zijn buik.

Joy ziet alleen nog maar zijn benen.

'Kom je nog eens met die chips?' vraagt Romano.

'Ik zie niks!' roept Sal weer.

'Kom er nu maar onderuit,' zegt Kelly.

'Waarom?' vraagt Sal.

'Daarom!' roept Kelly.

'Help!!!!!!' gilt Sal.

4. Stille nacht

De boot gaat schuin en Sal rolt naar de zijkant.
Hij spartelt met zijn benen.
`Wat gebeurt er?' roept hij vanuit het vooronder.
'We gaan schuin,' lacht Romano.
Sal krabbelt overeind.
'Au!' roept hij en valt meteen plat op zijn buik.
'Het is een rotboot, ik stoot overal mijn hoofd.'
Sal zit eindelijk op zijn knieën.
'Heb je de chips?' vraagt Romano.
'Nee,' antwoordt Sal. 'Vergeten.'
'Laat maar zitten,' zegt Kelly.
'Kom je naast me zitten?'
Sal kruipt over de benen van Joy heen.
'Wat een gedoe in het donker,' zegt hij.
'Maar wel leuk,' giechelt Kelly.
Sal klimt ook over de knieën van Kelly.
Hij gaat naast Romano zitten.
'Zo,' zegt hij. 'Ik zit.'
'Dat merk ik,' zegt Romano.
'De boot wiebelt niet meer.
Joy, trek de fok aan, daar gaan we weer!'
De boot gaat meteen schuin.
'Dit is mooi!' roept Kelly.
'Nog schuiner!'
'Ben je mal, straks slaan we om,' zegt Romano.
'Stil eens,' fluistert Sal.
'Hoor de stilte.'
'Wat zeg je?' vraagt Joy.

'Sssst. Luister.'
Romano, Kelly en Sal zeggen niets meer terug.
Ze luisteren naar de doodstille nacht.
Rustig glijdt de boot door het water.
Joy ziet niets, en hoort niets.
Alleen het water dat tegen de boot klotst.
'Het kabbelt zo lekker,' fluistert Sal.
'Fok beetje los,' zegt Romano.
Joy laat het touw een klein stukje door haar
handen glijden.
'Beetje aan,' zegt Romano na een tijdje.
Joy trekt de fokkenschoot weer een beetje aan.
'Beetje vieren,' zegt Romano.
En Joy laat het touw weer los.
Rustig glijdt de boot door het water.
'Beetje aan,' zegt Romano weer.
Joy doet wat Romano zegt.
Hij heeft een mooie stem, denkt ze.
Zat ik maar naast hem.
Maar Sal en Kelly zitten ertussenin.
Trouwens, Kelly de kletskous blijft lang stil.
Meestal lukt dat haar niet.
Ik vind het niet erg dat ze stil is, denkt Joy.
Ik vind het wel rustig in de nacht.
Maar Sal is ook al zo stil.
Zou hij in slaap zijn gevallen?
Plotseling tikt er iemand tegen Joy's nek.
Ze schrikt ervan.
'Sorry,' hoort ze Sal zeggen.
Joy kijkt, ze tuurt in het donker.
Ziet ze het goed?

Ja, ze ziet het heel goed:
Sal heeft een arm om Kelly heen geslagen!

5. Boem

'Beetje vieren,' mompelt Romano.
Joy laat het touw van het kleine zeil een beetje vieren.
Ondertussen let ze goed op.
Sal trekt Kelly nog dichter tegen zich aan.
Joy doet net of ze niet kijkt.
Ze tuurt in het donker naar de verte.
'Beetje aan,' zegt Romano.
Hij praat nu anders dan net.
Zou hij ook in de gaten hebben wat er gebeurt?
'Beetje vieren, beetje aan,' zegt Romano.
Joy trekt aan het touw, laat het los, en trekt er weer aan.
Stil!
Wat is dat voor een geluid?
Zijn Sal en Kelly aan het zoenen?
Is dat zo?
Ja, het is zo!
Joy houdt haar linker oor wijdopen.
'Mmmmmm,' zegt Sal.
Joy beweegt niet meer.
Stel je voor dat ze tegen hen aan valt.
Ik moet doen alsof het heel gewoon is, denkt ze.
De fokkenschoot is uit haar handen gegleden.
Kelly zakt nu een beetje onderuit.
Eigenlijk is het raar wat ze doen, denkt Joy.
Maar ook heel leuk!
Wie gaat er nou midden in een boot kussen?

Waar andere mensen bij zijn!
Wie weet, zijn ze ons vergeten.
'Beetje aan,' zegt Romano ineens.
Joy schrikt ervan.
Waar is de fokkenschoot?
In het donker zoekt Joy het touw.
'Fok aan!' roept Romano.
Joy zoekt en graait in het donker naar het touw.
'Kom op!' roept Romano.
Joy hoort paniek in zijn stem.
'Fok!'
BOEM!

6. Paniek

De boot ligt stil.

'Wat is dit?' roept Sal, die meteen rechtop zit.

'We zitten vast,' antwoordt Romano.

'Aan lager wal.'

'Zijn we aan wal?' vraagt Sal.

'Aan lager wal,' zegt Romano boos.

'De wind blaast ons steeds meer de kant op.
Merk je dat?
Weet je wat dat betekent?' vraagt Romano.

'Nee,' zegt Sal.

'Dat we hier nooit meer wegkomen.
Strijk de zeilen,' zegt Romano streng.

'Zeilen strijken?' vraagt Sal.

'Nee!' roept Romano.

'Niet strijken, maar strijken!
Die zeilen moeten naar beneden.
Vooruit! Opschieten.'

Joy is al naar voren gelopen.

'Hi hi,' giechelt Kelly.

'Aan lager wal, romantisch.'

Romano zegt niets terug.

Joy maakt twee touwen los en laat de zeilen
zakken.

Als de zeilen in de boot liggen, hijst Joy het
lampje weer omhoog.

Romano is achter op de boot gaan zitten.

'Zo,' zegt hij.

Joy kan horen dat hij nog steeds boos is.

'Kelly, jij vindt het toch zo leuk?
Pak je mobiel dan maar, en bel je vader.'
Kelly schiet overeind.
'Ben je gek!' roept ze.
'Mijn vader bellen?
Wat moet ik zeggen?'
'Dat je hebt zitten zoenen en aan lager wal ligt.
Vraag of ze ons komen halen,' zegt Romano.
'Dat doe ik niet,' zegt Kelly.
'Als ik dat vertel, gaan we nooit meer op vakantie.
Kunnen we niet iets doen?
Trouwens, waarom zijn we aan lager wal geraakt?
Ik was toch niet aan het zeilen?'
'Maak het nog mooier!'
Romano klinkt nu erg boos.
'Een beetje zitten smakken in mijn boot.
Ik raakte in de war van jullie, weet je dat?'
'Wilde je ook zoenen?' vraagt Sal.
'Bemoei jij je er niet mee.
Jij kunt nog niet eens chips uit het vooronder
pakken,' zegt Romano.
'Hou nu maar op, we moeten hier weg!' roept
Kelly.
Ze loopt naar voren en springt op de wal.
'Kijk eens!' roept ze.
'Kijk hoe ver de boot op de kant is gevaren.'
Kelly houdt haar handen tegen de punt van de
boot.
Ze zet zich schrap en duwt zo hard als ze kan.
Haar billen steken naar achteren.
Maar de boot blijft liggen waar hij ligt.

'Helpen!' roept Kelly.

De anderen springen ook op de kant.

Met z'n allen duwen ze nu tegen de boot.

'Sjeempie,' zegt Sal. 'Wat een gedoe.'

'We moeten hem een stukje optillen,' zegt Romano.

Hij tilt de boot op.

'Met z'n allen,' zegt hij.

'Stukje tillen, en dan duwen.'

Met elkaar tillen ze de boot en duwen hem door het gras.

Het lukt, stukje bij beetje.

'Niet te geloven,' zegt Romano.

'Wat?' vraagt Sal, terwijl hij de boot duwt.

'Dat ik hem zo ver het land op heb gevaren.'

'Nee,' giechelt Sal. 'Dat heb je goed gedaan.'

'Daar gaat ie,' zegt Romano als de punt bijna in het water ligt.

'Opletten, blijf de boot vasthouden.'

'Hi, hi,' zegt Sal.

'Straks vaart de boot zonder ons weg.'

Met een zachte plons glijdt de boot het water in.

'Gelukt,' zegt Romano. 'Hou hem vast.'

Hij stapt op de boot en pakt een grote pin en de landvast.

De pin knoopt hij aan de landvast.

Hij springt op het land en duwt de pin in de grond.

'Oké,' zegt hij.

'De boot ligt vast. En nu?

Hoe laat is het?'

Kelly steekt haar arm in de lucht.

Ze tuurt op haar horloge.

'Ik kan het niet zien,' zegt ze.

'Goed kijken. Twaalf uur.'

'Hè?!' roept Romano. 'Wat zeg je?'

'Twaalf uur.'

7. Middernacht

'Twaalf uur?' roept Joy.
'Dan hadden we thuis moeten zijn.'
'Ja,' antwoordt Romano.
Joy kijkt om zich heen.
Ze ziet niets, behalve het donker.
'Wat moeten we nou doen?' vraagt Kelly.
'Lekker niets, ik weet wel wat,' zegt Sal.
'Hou op met je geklets,' zegt Romano.
'Je verpest het voor ons allemaal.'
'Waarom verpest ik het?
Ik doe toch niets?' vraagt Sal.
'Daarom juist! Denk mee, man!' roept Romano.
'Ja, schiet op,' zegt Kelly.
'Mijn vader vermoordt me als ik te laat kom.
En het is nu al te laat.
Romano, wat kunnen we doen?'
'Hoe moet ik dat weten?'
Romano klinkt nog steeds boos.
'Ik heb nog nooit 's nachts gezeild.
En ook nog nooit aan lager wal gezeten,' zegt hij.
'Mijn ouders raken compleet in paniek,' zegt
Kelly.
'De mijne niet, denk ik,' antwoordt Sal.
'Hang niet van die stomme praatjes op,' zegt
Romano.
'Hoe denk jij met deze wind weg te komen?
En hoe weten onze ouders waar we zijn?
Hoe langer we hier blijven, hoe bozer ze worden.'

'Doe iets!' roept Kelly loeihard door het donker.

'Ssst!' fluistert Sal.

'Zeur niet!' roept Kelly terug.

'Je hoeft niet te denken dat je leuk bent.

Dat ben je allang niet meer.'

'Goed, goed,' mompelt Sal.

'We moeten peddelen,' zegt Joy ineens.

Sal, Kelly en Romano zijn op slag stil.

Ze kijken alle drie naar Joy, die in het donker staat.

'Peddelen?' vraagt Romano.

'Ja,' antwoordt Joy.

'Ik ga aan het roer zitten, Sal en Kelly peddelen.

En Romano duwt de boot naar achteren.

Als het goed is, kunnen we dan wegkomen.'

Iedereen is nog steeds verbaasd over het idee van Joy.

Maar ze doen precies wat ze heeft gezegd.

Kelly en Sal gaan in de boot zitten.

Uit de zijkastjes pakken ze twee peddels.

Joy gaat bij het roer op het bankje zitten.

De golven slaan aan de achterkant tegen de boot aan.

Joy houdt het roer vast en tuurt door het donker naar Romano.

'Iedereen klaar?' roept ze.

'Ja!' roepen Romano, Sal en Kelly.

'Duwen maar.'

Romano duwt de boot af en springt er snel op.

De boot drijft een klein stukje van de kant af.

'Peddelen!' roept Joy.

'Niet naar voren, dan komen we weer op de kant!
Naar achteren peddelen!'
Kelly en Sal peddelen uit alle macht.
Joy duwt en trekt aan het roer.
Maar de wind en de golven zijn sterk.
De boot drijft weer naar de kant.
'Het gaat niet,' zegt Romano, als de boot tegen de
wal botst.
'Nog een keer!' roept Joy.
'Jullie moeten aan één kant peddelen!'
Romano is al weer op de kant gesprongen.
Hij duwt de boot af en springt er weer op.
Kelly en Sal zitten aan één kant van de boot.
Zonder iets te zeggen peddelen ze zo hard als ze
kunnen.
Maar wat ze ook doen, het lukt niet.
De boot drijft weer de kant op.
'Het gaat niet,' zegt Romano.
Hij springt op de wal, met de landvast in zijn hand.
'Kom er maar uit!' roept hij.
'De wind is te sterk.'
De andere drie stappen weer uit de boot.
Romano zet de landvast met de ijzeren pin in de
grond.
Joy staat op de kant naar Romano te kijken.
Ze kan in het duister zien dat hij bukt.
Ze ziet de boot in het donker liggen.
Om zich heen hoort ze de stemmen van Sal en
Kelly.
En zonder dat ze het wil, trilt haar onderlip.

8. Bang

Ik wil niet huilen, denkt Joy.
Maar hoe moet het nu verder?
Wat zullen papa en mama denken?
Zijn ze bang?
Ze zijn vast en zeker razend op me.
Stommerd dat ik ben, was ik maar niet meegegaan.
'Oehoe!'
Joy schrikt op uit haar denken.
'Is er iets?' vraagt Romano, die bij haar is komen
staan.
'Nee,' wil Joy zeggen.
Maar haar onderlip trilt alweer.
'Wat zeg je?' vraagt Romano.
'Ik......,' zegt Joy. 'Sorry,' mompelt ze.
'Als ik niet was meegegaan, hadden jullie nu geen
problemen.'
'Wat bedoel je?' vraagt Sal.
'Jullie hoefden niet om twaalf uur thuis zijn,'
antwoordt Joy.
'Nu krijgen we allemaal op onze kop.'
'Welnee!' roept Sal.
'Mijn ouders zijn niet snel boos, maak je geen
zorgen!'
'Ik vind het wel leuk,' fluistert Romano in Joy's
oor.
Joy kijkt door het donker naar Romano.
Heb ik het goed gehoord? denkt ze.
Ze wordt warm vanbinnen van zijn woorden.

'Vier mensen op een onbewoond eiland!' roept Sal.

Stil eens,' zegt Romano plotseling.

'Spannend!' roept Sal.

'Stil!'

Joy staat doodstil naast Romano.

Ze luistert.

'De wind gaat harder waaien, dit gaat niet goed,' zegt Romano.

'Waarom niet?' vraagt Sal.

'Jij weet nog steeds niets van zeilen.

Hoe vaak ben je hier al op vakantie geweest?' vraagt Romano.

'Hou op met ruziemaken,' zegt Kelly.

'Hoor je hoe de golven tegen de boot klotsen?

Dit is niet meer leuk, en ik heb het koud!'

Joy hoort dat Kelly's stem huilt.

'Ga er ook nog eens bij janken!' roept Romano.

'Doe niet zo stom!' roept Kelly.

'Kan ik het helpen?'

'Nee,' zegt Romano. 'Ik toch ook niet?'

'Doet je telefoon het niet?' vraagt Joy.

Weer is iedereen even stil.

'Ja?' zegt Joy.

Niemand zegt wat.

Joy hoort de golven tegen de boot en de wal slaan.

'O ja,' zegt Kelly zacht.

Ze pakt de telefoon uit haar zak en loopt naar de boot toe.

In het schijnsel van de lamp kijkt ze ernaar.

'Sorry,' zegt ze na een tijdje.

'Hij stond niet aan.'

Romano springt een stukje in de lucht.

'Sufkoppen!' roept hij, en rent weg.

'Waar ga je heen?' roept Kelly.

'Hulp halen.'

'Kom terug.

Ik heb hem al aangezet.

Ik ga nu bellen!'

Romano komt weer teruggerend.

'Schiet op,' zegt hij.

'Er moet wat gebeuren.'

'Wacht even,' zegt Kelly.

Ze kijkt naar haar telefoon, duwt op een paar knopjes en luistert.

'Bah!' roept ze na een tijdje.

'Geen verbinding.'

'Zie je wel!' roept Romano. 'Ik ga.

Joy, ga je mee?'

'Waar ga je dan heen?' vraagt Kelly.

'Daarheen.'

Romano wijst in de verte waar lampjes branden.

'Ík ga,' zegt Sal.

'Nee, jij komt nooit terug,' antwoordt Romano.

'Blijf hier!' roept Kelly.

'Ik ga,' zegt Romano nog een keer.

'Sal en Kelly blijven hier.

Let op, de golven mogen niet over de boot komen.

Joy gaat met mij mee.'

'Maar…' huilt Kelly.

'Niet huilen! Er moet iets gebeuren!'

'En als jullie dan niet terugkomen?' huilt Kelly.

'Hou op, we komen terug!' roept Romano.

'Ik ga wel alleen,' zegt Joy.

'Ben je gek,' zegt Romano.

Snel loopt hij naar Joy toe.

Hij pakt haar pols vast, en samen rennen ze weg.

9. Een zwart ding

Joy en Romano rennen door het donkere weiland.
Overal zijn kuilen en graspollen.
Dat merken ze pas als ze er bijna over vallen.
'Lopen we goed?' vraagt Joy na een tijdje.
'Komen we dichter bij de lampjes?'
'Weet ik niet,' antwoordt Romano.
Joy's hart bonkt van het rennen.
En van Romano, die nog steeds haar pols
vasthoudt.
Ze gaat minder hard lopen, net als Romano.
Als ze even achter zich kijkt, ziet ze de boot.
Ze ziet alleen maar het lichtje in de lucht.
Het beweegt heen en weer.
'Pas op!' roept Romano ineens.
Joy staat meteen stil en tuurt in de nacht.
Haar hart bonkt nu nog harder.
'Wat is dat?' vraagt Romano.
'Wat?' vraagt Joy.
'Daar.'
Romano laat Joy's pols los en wijst naar voren.
Er staat iets dat zwarter is dan zwart.
Beweegt het?
'Een hek?' vraagt Joy.
'Nee,' fluistert Romano.
Zijn stem klinkt niet zo stoer als anders.
'Of een stier,' zegt Joy.
'Een stier?
Daar moet je nooit langs gaan.

Stel je voor dat hij achter je aan komt.'

'Welnee man, hij slaapt,' zegt Joy. 'Kom.'

Ze trekt Romano mee en wil verder lopen.

'Nee,' zegt Romano.

'De lichten zijn veel te ver weg.

Ik ga weer naar de boot.'

Hij draait zich om.

En voordat Joy het doorheeft, loopt hij terug.

'Wacht!' zegt Joy.

Ze loopt snel naar Romano toe.

Ze zeggen niets tegen elkaar terwijl ze verder lopen.

Joy's hart bonkt nog steeds.

Wat zal ik doen, denkt ze.

Zal ik iets tegen hem zeggen?

Wat moet ik zeggen?

Zal ik vragen of we morgen samen gaan zeilen?

Hoe lang hij nog hier op vakantie blijft?

Maar dat weet ik allang.

Hij blijft nog vier dagen.

Zal ik het zeggen?

'Pas op,' zegt Romano ineens.

Hij pakt Joy's hand en staat stil.

'Is er alweer een stier?' wil Joy zeggen.

Maar de woorden blijven in haar keel zitten.

Romano draait zich naar Joy toe.

Joy trilt een beetje.

Het lijkt wel alsof haar hart overal bonkt.

Wat gaat Romano doen?

Gaat hij iets zeggen?

Wat dan?

Joy wil iets zeggen, maar ze durft het niet.
Stel je voor dat ze ineens heel hoog gaat praten.
Of dat de woorden breken.
'Euk,' hoort Joy Romano zeggen.
'Wat zeg je?' antwoordt ze.
Haar hart lijkt een motor die van boven naar
beneden sjeest.
'Leuk,' fluistert Romano.
Meteen zakt de grond onder Joy een beetje in.
En Joy zakt mee.
'Leuk, leuk leuk,' zoemt het in haar hoofd.
Nu moet ik iets terugzeggen, denkt ze.
'Ik......'
'Joy!!!!!!! Romano!!!!!!' gilt een stem door de
duisternis.

10. Hulp in zicht

De boot! denkt Joy.
'Daar!' zegt Romano.
Joy kijkt naar het donkere water.
In de verte is een lichtje.
Het schudt op en neer.
'Snel,' zegt Romano.
Hij heeft Joy's hand losgelaten.
Joy rent achter hem aan naar de boot toe.
'Zou het de boot van mijn moeder zijn?' vraagt
Joy.
'Dat denk ik wel,' zegt Romano.
'Romano!'
Joy hoort de stem van Sal.
'Joy!'
Dat is Kelly.
'Ja!' roept Joy terug.
'We komen er aan!' roept Romano.
'Maar het gaat niet zo makkelijk door het gras.
We zijn er bijna.'
'Waar bleven jullie?' vraagt Kelly even later.
Ze staat naast Sal in het weiland.
'Het was veel te ver,' zegt Romano.
'Hoe is het met de boot?' vraagt hij.
'Zien jullie daar die lamp?'
'Ja,' zegt Kelly.
'Natuurlijk zien wij die lamp.
Hij komt steeds meer hiernaartoe.
Zou dat de boot van je moeder zijn?

Kan ze zien dat we hier zijn?'
'Wij hebben toch ook een lamp,' zegt Romano.
'Ze ziet ons echt wel.
Is er nog water in de boot gekomen?' vraagt
Romano.
'Weet ik niet,' antwoordt Sal.
'Heb je niet gekeken?' vraagt Romano.
'Ze komen!' roept Kelly.
'Wat moet ik nu?
Blij zijn dat ze ons vinden?
Of bang zijn?
Ik krijg zo erg op mijn kop!'
Kelly loopt zo ver mogelijk naar het water toe.
Met twee armen zwaait ze in de lucht.
Romano springt op de boot en loopt naar achteren.
Daar staat Joy.
'Ben je er al?' vraagt Romano.
'Ja,' antwoordt Joy.
'Het is goed met de boot, er is geen water.'
'Sal!!!!' buldert het ineens over het water heen.

11. Gevonden

Joy kijkt.
Het lichtje van de boot komt steeds dichterbij.
Op de kant hoort ze Kelly roepen.
Sal zegt niets.
Joy staat vlak naast Romano.
Hij zwaait nu ook.
Langzaam wiebelt het lampje naar hen toe.
'Sal! Kelly!'
De stemmen zijn nu duidelijk te horen.
'Papa!' roept Kelly vanaf de kant.
'Daar zijn ze,' zegt een stem vanaf het water.
De boot is nu heel dichtbij.
Joy ziet welke boot het is.
Haar hart begint alweer te bonken.
Mama, denkt ze.
Daar komt mijn moeder met haar boot.
Ze is blij en bang tegelijk.
Ze hoort nu het geluid van de motor.
'Joy!'
'Mama!' roept Joy terug.
'Ben je daar?'
'Ja!'
'Is het goed?' roept haar moeder.
De boot is er nu bijna.
Joy ziet haar moeder aan het roer staan.
De motor gaat langzamer lopen.
Als de boot vlakbij is, zet haar moeder de motor
uit.

Joy ziet twee mensen op de punt staan.
Zodra het kan, springen ze op de kant.
'Kelly!' hoort ze Kelly's vader roepen.
'Sal!'
Joy hoort het meteen, Sals vader is boos.
'Waar was je?' roept hij.
'Waar bleef je?
Wat had je nou weer gedaan?'
'Niets,' zegt Sal zacht.
'Papa!'
Kelly rent naar haar vader toe.
'Het was zo eng, papa,' snikt ze.
'Hoe haal je het in je hoofd!' roept Sals vader.
'Stil even, Kees,' zegt Joy's moeder rustig.
Ze is ook aan land gekomen, en staat nu met de
landvast in haar hand.
'Is het goed met jullie?' vraagt ze en kijkt om zich
heen.
'Met jou, Romano? Je ouders zijn bij het huisje
gebleven.
Zij maken soep voor jullie.'
Joy springt snel van de boot.
Ze loopt naar haar moeder toe en gaat vlak bij haar
staan.
Haar moeder slaat een arm om haar heen.
'Zijn jullie nog heel, is de boot niet kapot?'
'Alles goed,' fluistert Joy.
Ze bibbert een beetje.
'Wat was er gebeurd?' vraagt Kelly's vader.
'Dat wil ik weleens weten,' zegt Sals vader.
'We konden niets zien,' antwoordt Kelly.

'We pakten chips,' zegt Joy.
'De wind draaide,' zegt Romano.
Sal zegt niets.
'Waarom hebben jullie geen hulp gehaald?' vraagt
Joy's moeder.
'Kijk, daar branden lichten.'
Ze wijst in de richting van de lampjes.
'Dat hebben we gedaan,' antwoordt Joy.
'Maar er was een…'
Meer zegt ze niet.
Het is een beetje licht geworden.
Joy kijkt naar het weiland en ziet het zwarte ding.

12. Zo stoer

'Kom, we gaan' zegt Joy's moeder.
'Romano, maak je boot aan de mijne vast.
Dan geef ik je een sleepje.'
'Ik wil in jouw boot,' zegt Kelly tegen Joy's
moeder.
'En jij komt ook bij ons,' zegt Sals vader tegen
Sal.
'Sorry dat ik boos ben, maar ik was zo bang.'
'Kom je bij mij?' fluistert Romano in Joy's oor.

Daar gaan ze, twee bootjes in de lichte nacht.
Iedereen zit in de voorste boot, behalve Romano
en Joy.
Romano zit aan het roer van zijn eigen boot.
Joy leunt tegen zijn knie aan.
Ze hoeft niet meer te zeilen, haar moeder trekt hen.
Joy luistert naar het geronk van de motor.
En naar het water dat tegen Romano's boot klotst.
Langzaam glijden ze door het water.
Het weiland raakt verder van hen af.
Joy tuurt nog één keer naar de stier.
De stier die een machine is om de koeien te
melken.

Plotseling voelt ze een arm over haar schouder.
Romano legt zijn hoofd tegen haar hoofd.
'Morgen weer nachtzeilen?' fluistert hij met een
lage stem.

Joy kruipt dicht tegen hem aan.
Mmmmmm, denkt ze.
Romano, bang voor een melkding.
En toch zo stoer.

Er zijn negen Zoeklichtboeken over Vakantie:

*

**

***

Lees ook de Zoeklichtboeken over Vrienden:

*

**

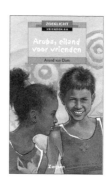

***